BEI GRIN MACHT SICH IHR WISSEN BEZAHLT

AF153584

- Wir veröffentlichen Ihre Hausarbeit,
  Bachelor- und Masterarbeit

- Ihr eigenes eBook und Buch -
  weltweit in allen wichtigen Shops

- Verdienen Sie an jedem Verkauf

Jetzt bei www.GRIN.com hochladen
und kostenlos publizieren

Wie können digitale Medien, insbesondere Augmented Reality, in einer Exkursion durch Halle Neustadt eingesetzt werden, um historische und architektonische Inhalte zu vermitteln?

Bibliografische Information der Deutschen Nationalbibliothek:

Die Deutsche Nationalbibliothek verzeichnet diese Publikation in der Deutschen Nationalbibliografie; detaillierte bibliografische Daten sind im Internet über http://dnb.d-nb.de abrufbar.

ISBN: 9783389085936
Dieses Buch ist auch als E-Book erhältlich.

Druck und Bindung: Books on Demand GmbH, Norderstedt Germany
Gedruckt auf säurefreiem Papier aus verantwortungsvollen Quellen

Das vorliegende Werk wurde sorgfältig erarbeitet. Dennoch übernehmen Autoren und Verlag für die Richtigkeit von Angaben, Hinweisen, Links und Ratschlägen sowie eventuelle Druckfehler keine Haftung.

Das Buch bei GRIN: https://www.grin.com/document/1517067

Inhaltsverzeichnis

1.Einleitung

Die Integration moderner Technologien in Bildung und Industrie ist für Deutschland als führende Technologienation von zentraler Bedeutung. Um die potenziellen Vorteile neuer Technologien voll ausschöpfen zu können, ist es entscheidend, dass diese von den Nutzer*innen akzeptiert werden. Es reicht daher nicht aus, sich ausschließlich auf die Benutzerfreundlichkeit einer technologischen Innovation zu konzentrieren, vielmehr ist es von wesentlicher Bedeutung, die Faktoren zu verstehen, die die Akzeptanz dieser Technologien beeinflussen.[1]

Auch der schulische Bildungsbereich wird durch die fortschreitende Digitalisierung tiefgreifend verändert und eröffnet neue didaktische Möglichkeiten, um Schüler*innen komplexe Inhalte auf innovative und interaktive Weise zu vermitteln. Besonders bei der Vermittlung von historischem und architektonischem Wissen stehen Lehrkräfte vor der Herausforderung, abstrakte Konzepte greifbar zu machen und das Interesse der Schüler*innenlangfristig zu wecken. Digitale Medien bieten hier ein vielversprechendes Potenzial, Exkursionen nicht nur als außerschulische Lernorte, sondern auch als interaktive Lernumgebungen zu gestalten.

Diese Arbeit untersucht, wie digitale Medien, insbesondere Augmented Reality (AR), in einer Exkursion durch Halle Neustadt eingesetzt werden können, um historische und architektonische Inhalte zu vermitteln. Halle Neustadt, als ein bedeutendes Beispiel sozialistischer Stadtplanung und Architektur, bietet eine Vielzahl von Lernmaterialien, die durch den Einsatz digitaler Medien visuell und interaktiv aufbereitet werden können.

Im Rahmen dieser Untersuchung wird zunächst die Planung der Exkursionsroute detailliert beschrieben, gefolgt von einer Analyse der didaktischen Methoden, die den Einsatz digitaler Medien unterstützen. Im Anschluss wird die Durchführung der Exkursion dargestellt, bevor die Nachbereitung und Auswertung der gewonnenen Erkenntnisse erfolgt. Abschließend werden die Ergebnisse in einem Fazit zusammengeführt.

---

[1] Gorovoj, Alexander. Technologieakzeptanz Digitaler Medien bei Universitätsstudierenden verschiedener Fächer und Berufstätigen gleichen Alters: Eine Studie zu den psychologischen Determinanten und Hintergründen der Akzeptanz Digitaler Medien auf der Basis eines neu ausgerichteten Messinstruments. Dissertation, Universität Siegen, 2019, S. 7.

2. Planung der Exkursionsroute

Bei der Planung der Exkursionsroute durch Halle Neustadt sollte berücksichtigt werden, dass die Moderne keineswegs eine vollständige Abkehr von der Geschichte darstellt, wie es von den Avantgarden des 20. Jahrhunderts behauptet wurde. Vielmehr haben Kunstschaffende und Architekt*innen stets auf frühere Epochen wie die Antike, das Mittelalter und die Klassische Moderne der 1920er Jahre Bezug genommen.[2] Diese historische Kontinuität sollte sich in der Auswahl der Stationen entlang der Exkursionsroute widerspiegeln, um den Schüler*innen die geschichtliche Tiefe und die damit verbundenen architektonischen Entwicklungen zu verdeutlichen. Hierbei können digitale Medien, wie etwa Augmented Reality, eine entscheidende Rolle spielen, indem sie diese historischen Verbindungen auf interaktive und visuell ansprechende Weise erlebbar machen.

Ein Beispiel für eine Station könnte die Erkundung des sogenannten "Haus der Chemie" sein, wo die Schüler*innen mittels Augmented Reality die ursprünglichen Baupläne des Gebäudes sehen und nachvollziehen könnten, wie es in die städtebauliche Planung von Halle Neustadt integriert wurde. Mit AR könnten Schüler direkt vor Ort sehen, wie das Gebäude in verschiedenen Epochen aussah.

Um dieses Ziel zu erreichen, sollte die Route Stationen umfassen, die exemplarisch für diese Verbindungen zwischen Ort, Tradition und Geschichte stehen. Darüber hinaus können digitale Tools gezielt eingesetzt werden, um die historischen Gebäude und Strukturen nicht nur als isolierte Artefakte zu präsentieren, sondern sie als Teil eines größeren Narrativs einzubetten, das durch verschiedene kunstgeschichtliche Modelle geprägt ist.[3] Insbesondere die Stationen, die architektonische Stile und deren historische Entwicklung widerspiegeln, bieten den Schüler*innen durch digitale Medien die Möglichkeit, die Veränderungen in der architektonischen Praxis besser zu verstehen. Die Exkursionsroute sollte daher so gestaltet werden, dass sie diese historische Vielfalt und die damit verbundenen Veränderungen in den architektonischen Idealen sichtbar macht. Ein weiteres konkretes Beispiel könnte die Verwendung digitaler Karten sein, mit denen die Schüler*innen den Verlauf der städtebaulichen Entwicklung nachvollziehen. Sie könnten erkunden, wie sich das Stadtbild

---

[2] v. Engelberg-Dockal, Eva, und Petra Lohmann, Hrsg. Geschichtlichkeit in der Architektur der Moderne. Symposium des Masterstudiengangs Architektur 2021, Frieder & Henner Schriftenreihe, Band 1. Universität Siegen, 2021, S. 14.
[3] Vgl. ebd.

von Halle Neustadt während der verschiedenen Phasen der sozialistischen Stadtplanung verändert hat.

Ein weiterer wichtiger Aspekt bei der Planung der Exkursionsroute durch Halle Neustadt ist die entscheidende Wende in der Architektur um 1800, die mit einer neuen Begeisterung für die Antike einherging. Diese Periode markierte den Übergang von einer einheitlichen Vorstellung der Antike hin zu einer differenzierten Sichtweise, in der griechischen, römischen Architektur als unterschiedliche, aber miteinander verbundene Phasen und Kulturen erkannt wurden.[4] Diese historische Relativierung führte dazu, dass die antike Baukunst nicht länger als alleiniges Ideal galt, sondern durch eine breitere Palette historischer Architekturen ersetzt wurde. Diese Veränderungen lassen sich ideal entlang der Exkursionsroute nicht nur thematisch, sondern auch durch den Einsatz digitaler Medien wie virtuellen Rekonstruktionen und interaktiven Karten anschaulich für die Schüler*innen darstellen. So können die Schüler*innen ein tieferes Verständnis dafür entwickeln, wie die Architektur nicht nur auf die Vergangenheit reagiert, sondern auch versucht, ihre eigene Zeit durch neue und authentische Formensprachen zu repräsentieren.

Ein zentraler Aspekt bei der Umsetzung dieser digitalen Medien ist die Berücksichtigung der Technologieakzeptanz der Schüler*innen. Das von Davis (1986) entwickelte Technologieakzeptanzmodell identifiziert zwei wesentliche Überzeugungen, die die Einstellung zur Nutzung einer Technologie formen: wahrgenommene Nützlichkeit (Perceived Usefulness) und wahrgenommene Bedienfreundlichkeit (Perceived Ease of Use).[5] Diese Überzeugungen sind maßgebliche Prädiktoren für das Akzeptanzverhalten und bestimmen, ob die Schüler bereit sind, die digitalen Medien während der Exkursion aktiv zu nutzen. Durch eine gezielte Gestaltung der digitalen Medien entlang dieser beiden Komponenten können die Einstellungen der Schüler*innen positiv beeinflusst werden, was zu einer höheren Nutzung und einem besseren Lernerfolg während der Exkursion führt.

Die wahrgenommene Bedienfreundlichkeit wird definiert als „the degree to which an individual believes that using a particular system would be free of physical and mental effort".[6] Diese Bedienfreundlichkeit beeinflusst direkt die wahrgenommene Nützlichkeit der eingesetzten Tools. Je weniger Aufwand die Schüler*innen bei der Nutzung der digitalen Medien erwarten, desto wahrscheinlicher ist es, dass sie diese als nützlich empfinden und

---

[4] Vgl. ebd., S. 15.
[5] Gorovoj, Technologieakzeptanz, S. 16.
[6] Vgl. ebd., S. 17.

aktiv einsetzen werden. Darüber hinaus wird die Bedienfreundlichkeit durch die Selbstwirksamkeitserwartungen der Schüler*innen und deren Wahrnehmung der Instrumentalität des Systems beeinflusst.[7] Ein benutzerfreundliches System stärkt das Vertrauen der Schüler*innen in ihre Fähigkeit, die Technologie effektiv zu nutzen, was wiederum ihre Leistung steigert und die wahrgenommene Nützlichkeit erhöht. Diese Faktoren sollten daher bei der Auswahl und Gestaltung der digitalen Medien für die Exkursion berücksichtigt werden. Zusätzlich spielen externe Variablen wie das Design, die Ergonomie und die Benutzerfreundlichkeit der digitalen Medien eine wesentliche Rolle bei der Akzeptanz. Diese müssen so gestaltet sein, dass sie den Schülern die Nutzung erleichtern und die Lernerfahrung während der Exkursion bereichern.[8] Die Berücksichtigung dieser Faktoren trägt dazu bei, dass die Schüler*innen die digitalen Medien positiv wahrnehmen und sie als nützlich und effektiv empfinden, was ihre Lernbereitschaft und -motivation erheblich fördert.

3. Didaktische Methode

Die didaktische Gestaltung der Exkursion durch Halle Neustadt spielt eine entscheidende Rolle, um den Schüler*innen ein effizientes und nachhaltiges Lernerlebnis zu ermöglichen. Durch die Integration vielfältiger didaktischer Ansätze können die Lerninhalte so aufbereitet werden, dass sie die Lernprozesse gezielt anregen und das historische sowie architektonische Verständnis der Schüler*innen vertiefen.[9] Ein zentraler Ansatzpunkt ist dabei die didaktische Transformation von Lerninhalten. Es reicht nicht aus, Lerninhalte lediglich zu präsentieren, vielmehr müssen sie methodisch so aufbereitet werden, dass sie den Lernenden zugänglich und verständlich gemacht werden. Je nach angestrebten Lernzielen kann diese Aufbereitung unterschiedlich gestaltet sein – von der Verwendung von Texten und Grafiken bis hin zu interaktiven Anwendungen, die aktives Handeln der Schüler ermöglichen. Besonders wichtig ist hierbei die sorgfältige Analyse der spezifischen Lernziele, die Zielgruppe und der Lernsituation, um die geeigneten Methoden und Medien auszuwählen, die die Lernziele optimal unterstützen.[10]

Im Kontext der Exkursion bedeutet dies, dass digitale Medien nicht als bloße Wissensüberträger betrachtet werden sollten. Vielmehr sollten sie als dynamische

---

[7] Vgl. ebd.
[8] Vgl. ebd.
[9] Kerres, Michael. Mediendidaktik: Konzeption und Entwicklung mediengestützter Lernangebote. 4 Auflage, Oldenbourg Wissenschaftsverlag, 2013, S. 321.
[10] Vgl. ebd.

Werkzeuge genutzt werden, die aktive Lernprozesse fördern. Lernangebote werden somit als gestaltete Umgebungen verstanden, die durch ihre Konzeption bestimmte Lernaktivitäten fördern, ohne diese jedoch vollständig vorzugeben. Durch ein bewusstes Design dieser Umgebungen können sogenannte Affordanzen geschaffen werden – Möglichkeiten zur Interaktion, die das Lernen erleichtern und bereichern.[11] Eine bewährte Methode zur Strukturierung von Lerninhalten ist die Expositorische Methode, die sich auf die systematische Präsentation von Inhalten konzentriert, häufig durch Texte, Audios oder Videos. Diese Methode prägt den traditionellen Schulunterricht erheblich. In solchen Settings wird der Lernprozess stärker durch die vorgegebene Sachstruktur und festgelegte Lernwege gelenkt, wobei die aktive Rolle der Lernenden hauptsächlich in der Aufnahme und Verarbeitung der präsentierten Informationen besteht.[12]

Diese Methode ist im Bildungsbereich weit verbreitet und prägt den traditionellen Unterricht in Schulen erheblich. Für die Exkursion durch Halle Neustadt können expositorische Methoden durch den Einsatz von Augmented Reality (AR) sinnvoll ergänzt werden. Wie in der Studie von Radu[13] gezeigt, steigert AR das inhaltliche Verständnis der Schüler*innen, indem es ihnen hilft, komplexe räumliche Strukturen und Funktionen besser zu erfassen – ein Vorteil, der besonders im Kontext architektonischer und historischer Bildung zum Tragen kommt. Der Einsatz von AR unterstützt zudem das Langzeitgedächtnis der Schüler*innen, was die Nachhaltigkeit des Gelernten fördert.[14] Die Studie hebt auch hervor, dass AR die Motivation der Lernenden signifikant steigert, da die Lernumgebungen als ansprechender und interaktiver wahrgenommen werden.[15] Diese erhöhte Motivation kann in der Exkursion durch Halle Neustadt dazu beitragen, das Interesse der Schüler an historischen und architektonischen Themen zu wecken und nachhaltig zu fördern. Es ist dabei wichtig, auf die unterschiedlichen technischen Vorkenntnisse der Schüler*innen einzugehen. Um sicherzustellen, dass alle Schüler*innen gleichermaßen von den digitalen Tools profitieren, könnte eine Einführung in die Nutzung der AR-Anwendungen und ein Support-Team bereitgestellt werden, das bei technischen Problemen hilft. Demgegenüber steht das Explorative Lernen, das den Lernenden einen höheren Grad an Selbststeuerung und Eigenaktivität ermöglicht. Hier werden Lerninhalte in offenen Strukturen angeboten, die es den Schüler*innen erlauben, individuell und nicht-linear durch das Material zu navigieren.

---

[11] Vgl. ebd., S. 324.
[12] Vgl. ebd., S. 326.
[13] Radu, I. Augmented Reality in Education: A Meta-Review and Cross-Media Analysis. *Personal and Ubiquitous Computing*, 18(6), 2014, 1533-1543, S. 1534.
[14] Vgl. ebd., S. 1535.
[15] Vgl. ebd., S. 1536.

Dieses Vorgehen kann besonders motivierend wirken, da es auf dem menschlichen Neugier Motiv basiert und den Entdeckungsdrang der Lernenden anspricht.[16] Interaktive digitale Karten oder Schnitzeljagden mit AR bieten Möglichkeiten, bei denen die Schüler*innen eigenständig verschiedene Stationen erkunden und dabei Informationen sammeln und verarbeiten. Diese Formate fördern nicht nur das selbstgesteuerte Lernen, sondern auch kritisches Denken und Problemlösekompetenzen der Schüler*innen. Ein weiteres effektives Werkzeug für exploratives Lernen stellt der Hypertext dar. Im Gegensatz zu linearen Informationsdarstellungen ermöglicht Hypertext eine netzwerkartige Organisation von Informationen, bei der einzelne Informationseinheiten (Chunks) über Verknüpfungen (Links) miteinander verbunden sind. Diese Form von Navigation fördert den Lernprozess, indem sie den Lernenden erlaubt, frei zwischen verschiedenen Informationsbereichen zu navigieren und individuell relevante Pfade durch das Material zu gestalten.[17]

Durch die Integration verschiedener Medienformen wie Text, Bild, Audio und Video – im Sinne eines Hypermedia-Systems – kann das Lernangebot zudem multimedial angereichert und somit attraktiver gestaltet werden.[18] Im Rahmen der Exkursion könnte ein hypertextbasiertes Lernangebot den Schüler*innen ermöglichen, eigenständig und interaktiv Informationen über verschiedene Aspekte von Halle Neustadt zu erkunden. Dadurch können die Schüler*innen ihren individuellen Interessen folgen und ein tiefergehendes Verständnis für die historischen und architektonischen Zusammenhänge entwickeln.

Abschließend ist festzuhalten, dass die Wahl und Kombination didaktischer Methoden von zentraler Bedeutung sind, um die Exkursion durch Halle Neustadt zu einem erfolgreichen Lernereignis zu machen. Die gezielte Auswahl der Methoden sollte stets auf einer fundierten Analyse der Lernziele, der spezifischen Lernsituation und der Bedürfnisse der Lernenden basieren. Die Kombination von expositorischen und explorativen Methoden kann dabei helfen, den unterschiedlichen Lernstilen der Schüler*innen gerecht zu werden und ihre Motivation sowie ihr Engagement zu steigern. Ein Ausblick auf mögliche Herausforderungen, wie die technische Implementierung und die Anpassung an unterschiedliche Lerngeschwindigkeiten, könnte ebenfalls berücksichtigt werden, um die Exkursion noch effektiver zu gestalten.

---

[16] Kerres, Michael, Mediendidaktik, 2013, S. 337.
[17] Vgl. ebd., S. 343.
[18] Vgl. ebd., S. 344.

4. Durchführung der Exkursion

Die fortschreitende Digitalisierung hat nahezu alle Bereiche unseres Lebens tiefgreifend verändert, einschließlich der Art und Weise, wie wir Wissen vermitteln und aufnehmen. Dies trifft insbesondere auf die Geschichtswissenschaften zu, in denen die digitale Transformation erhebliche Auswirkungen auf die Bearbeitung und Darstellung historischer Inhalte hat. Antenhofer et al. betonen, dass der Übergang von physischen zu digitalen Quellen nicht nur die Art des historischen Arbeitens, sondern auch die Vermittlung dieser Inhalte grundlegend verändert hat.[19]

Im Rahmen der Exkursion durch Halle Neustadt eröffnet die Nutzung digitaler Medien, wie Augmented Reality und digitalen Karten, den Schüler*innen neue Möglichkeiten, historische Informationen auf eine Weise zu erleben, die mit traditionellen Methoden nicht möglich wäre. An der Station Wohnblock A könnten die Schüler*innen AR verwenden, um die Veränderungen im Bauplan zu visualisieren und zu verstehen, wie das Gebäude ursprünglich entworfen wurde. Diese digitalen Werkzeuge ermöglichen es den Schüler*innen, komplexe räumliche Strukturen und historische Zusammenhänge auf interaktive und ansprechende Weise zu erfassen.

Wie Antenhofer et al. weiter ausführen, verändert die Digitalisierung die Grundlagen des historischen Arbeitens und damit auch die Ergebnisse, zu denen Geschichtswissenschaftler gelangen. Um unter diesen veränderten Bedingungen methodisch sauber arbeiten und zu verlässlichen Resultaten kommen zu können, ist es von entscheidender Bedeutung, die Auswirkungen der Digitalisierung auf die epistemologischen Grundlagen der Geschichtswissenschaften genau zu verstehen.[20] Die Vorbereitung der Exkursion erfordert eine sorgfältige Planung, um den technischen und organisatorischen Anforderungen gerecht zu werden. Dabei ist es wichtig, dass alle digitalen Geräte im Vorfeld aufgeladen und einsatzbereit sind, wobei auch die Funktionalität der Augmented Reality (AR)-Anwendungen und digitalen Karten überprüft werden sollte. Darüber hinaus sollten die Schüler*innen vorab über den Ablauf der Exkursion informiert werden, und es sollte eine Einführung in die Ziele und die Nutzung der digitalen Medien erfolgen.

---

[19] Antenhofer, Christina; Büttner, Nils; Bücker, Benedikt (Hrsg). Digital Humanities in den Geschichtswissenschaften: Eine Einführung. Oldenbourg, 2023, S. 43.
[20] Vgl. ebd., S. 44.

Die Anwendung von Augmented Reality (AR) in Bildungsprozessen hat in den letzten Jahren erheblich an Bedeutung gewonnen. Besonders in der Lehrpersonenbildung zeigt sich das Potenzial dieser Technologie, wie die Studie von Wyss et al. darlegt. Die Autoren betonen, dass AR durch die visuelle und interaktive Aufbereitung komplexer Inhalte das Lernen erleichtern kann, insbesondere in Bereichen wie der Naturwissenschaft und Technik. An der Station "Wohnblock A" könnten die Schüler*innen AR verwenden, um die Veränderungen im Bauplan zu visualisieren und zu verstehen, wie das Gebäude ursprünglich entworfen wurde. Die Erfahrungen aus dem Projekt "Alex", das an der Pädagogischen Hochschule Zürich durchgeführt wurde, zeigen, dass AR nicht nur die Motivation der Studierenden steigern, sondern auch deren Verständnis für schwierige Konzepte vertiefen kann. Insbesondere die Möglichkeit, Molekülstrukturen dreidimensional im Raum darzustellen, ermöglichte den Studierenden eine intuitivere Erkundung und eine verbesserte Zusammenarbeit bei Lernaufträgen.[21] Diese positiven Effekte unterstreichen das Potenzial von AR, auch im schulischen Kontext, insbesondere bei Exkursionen wie durch Halle Neustadt, genutzt zu werden, um das Verständnis der Schüler*innen für historische und architektonische Zusammenhänge zu vertiefen. Der Ablauf der Exkursion lässt sich in verschiedene Phasen unterteilen. Zu Beginn erfolgt eine Einführungsphase, in der die Schüler vor Ort in die Nutzung der digitalen Medien eingewiesen und in die Relevanz der Exkursion eingeführt werden.

Anschließend arbeiten die Schüler in der Durchführungsphase an den verschiedenen Stationen entlang der Route. Die AR-Anwendungen und digitalen Karten spielen hierbei eine zentrale Rolle, da sie den Schüler*innen ermöglichen, historische Gebäude zu rekonstruieren und städtebauliche Veränderungen von Halle Neustadt nachzuvollziehen. Ein Beispiel könnte die Station "Plattenbau" sein, an der die Schüler*innen durch AR nachvollziehen, wie sich der Plattenbau in den 60er Jahren entwickelt hat und welchen sozialen Hintergrund die Architektur hatte. An jeder Station werden spezifische Aufgaben gestellt, die mithilfe der digitalen Medien gelöst werden sollen.

Am Ende der Exkursion bietet eine Reflexionsphase den Schüler*innen die Möglichkeit, ihre Erfahrungen und Erkenntnisse in Gruppendiskussionen oder durch das Erstellen von kurzen Berichten zu teilen. Konkrete Aufgaben könnten darin bestehen, dass die Schüler*innen ihre Erfahrungen mit AR in Form eines kurzen Essays reflektieren oder ein

---

[21] Wyss, C., Annen, D., Brovelli, D., & Schneider, JAugmented Reality in der Grundbildung: Chancen und Herausforderungen. In J. Schneider, C. Wyss, D. Annen, & D. Brovelli (Hrsg.), *Digitale Medien in der Bildung (S. 119-133). hep Verlag, 2022, S. 131.

kreatives Projekt erstellen, das die architektonischen Veränderungen in Halle Neustadt darstellt. Zudem könnten die Schüler*innen gebeten werden, ihre Erkenntnisse über den Einsatz von AR in der Stadtplanung und Architektur in Bezug zu setzen und darüber nachzudenken, wie sie diese Technologie in zukünftige Lernprozesse integrieren könnten. Hier könnten Fragestellungen wie "Wie hat AR euer Verständnis der Stadtplanung verändert?" oder "Welche Unterschiede seht ihr zwischen den historischen und modernen Stadtmodellen?" gestellt werden. Die Schüler*innen könnten auch Vorschläge entwickeln, wie AR zukünftig für ähnliche Projekte genutzt werden kann. Hierbei könnten sie die städtebaulichen Veränderungen von Halle Neustadt mithilfe digitaler Karten in ihren Präsentationen veranschaulichen.

Die rasante Entwicklung moderner Informationstechnologien verändert kontinuierlich die Methoden des Lehrens und Lernens. Dede (2008) betont, dass sich auch die Eigenschaften der Lernenden sowie die geforderten Fähigkeiten und Kenntnisse an diese Veränderungen anpassen. Augmented Reality (AR) ist heute weit verbreitet, insbesondere durch die Verfügbarkeit mobiler Geräte. Diese Technologie hat bereits gezeigt, dass sie tiefgreifende Verbesserungen im Bildungsbereich bewirken kann, indem sie das Lernen durch immersive Erfahrungen und interaktive Inhalte bereichert. So haben AR-Simulationen in Bereichen wie Chirurgie oder Maschinenwartung die Lernleistung erheblich gesteigert.[22] AR bietet die Möglichkeit, Lernende auf mehreren Realitätsebenen zu schulen, von der physischen Nutzung von Büchern über die Interaktion mit 3D-Inhalten bis hin zu vollständigen Erlebnissen.[23]Solche Anwendungen sind besonders wertvoll, um Schüler*innen im Rahmen von Exkursionen wie durch Halle Neustadt ein tieferes Verständnis für historische und architektonische Zusammenhänge zu vermitteln.

Während der Exkursion sind digitale Medien integraler Bestandteil des Lernprozesses. AR-Anwendungen ermöglichen den Schüler*innen, historische Strukturen direkt vor Ort zu visualisieren, wodurch sie historische Veränderungen in der Architektur besser nachvollziehen können. Wie in der Studie von Radu gezeigt, hilft AR den Schüler*innen, komplexe räumliche Strukturen und Funktionen besser zu erfassen, was besonders im Kontext architektonischer und historischer Bildung von Vorteil ist.[24] Digitale Karten bieten den Schüler*innen die Möglichkeit, die städtebaulichen Entwicklungen von Halle Neustadt

---

[22] Yuen, S., Yaoyuneyong, G., & Johnson, E. Argumented Teality: An Overview and Five Directions for AR in Education. Journal of Educational Technology Development and Exchange, 4, 119-140. 2011, S. 132.
[23] Vgl. ebd.
[24] Radu, I., 2014, S. 1534.

zu analysieren und verschiedene historische Epochen zu erkunden. Hypertext und Hypermedia bieten den Schüler*innen zudem Zugang zu vernetzten Informationen, die ihnen ein tieferes Verständnis der historischen und architektonischen Kontexte ermöglichen.

Abschließend ist es wichtig, auf die Herausforderungen während der Durchführung der Exkursion einzugehen. Technische Probleme sind nicht auszuschließen, daher könnten alternative Methoden zur Visualisierung, wie vorbereitete digitale Karten oder Videos, als Backup-Strategie bereitgehalten werden. Der Abschluss der Exkursion bietet die Gelegenheit, das Gelernte zu reflektieren und weiter zu vertiefen. Nach der Exkursion sollten die Schüler*innen ihre gesammelten Daten und Erkenntnisse aufbereiten und präsentieren, um das Erlernte zu festigen. Dies kann durch Präsentationen, Poster oder digitale Projekte geschehen, die im Klassenverband diskutiert werden. Die Nachbereitung der Exkursion sollte schließlich dazu genutzt werden, die Exkursion in den weiteren Unterrichtsverlauf einzubinden, beispielsweise durch die Vertiefung bestimmter Themen oder die Klärung offener Fragen.

Zusätzlich zu den organisatorischen und technischen Aspekten ist es entscheidend, die didaktischen Überlegungen zum Einsatz von AR in der Exkursion zu betrachten. Wie empirische Studien zeigen, ist der Konstruktivismus eine der dominierenden Lerntheorien im Kontext von Bildungstechnologien. [25] Diese Theorie betont, dass Wissen nicht einfach übertragen wird, sondern in einem aktiven Prozess von den Lernenden konstruiert werden muss. Durch den Einsatz von AR werden die Schüler*innen ermutigt, sich aktiv mit den Inhalten auseinanderzusetzen und ihr bestehendes Wissen zu erweitern. Darüber hinaus können verschiedene Lehrmethoden wie situiertes Lernen, spielbasiertes Lernen und forschendes Lernen durch den Einsatz von AR bereichert werden.[26] Diese Methoden sind besonders geeignet, um die Schüler*innen in der Exkursion durch Halle Neustadt zu motivieren und ihr Verständnis für historische und architektonische Zusammenhänge zu vertiefen.

5. Nachbereitung und Auswertung

Die Nachbereitung einer Exkursion ist ein wesentlicher Schritt, um das Gelernte zu festigen und offene Fragen zu klären. Ein Besuch von Lernorten wie Halle Neustadt sollte nicht isoliert stehen, sondern im Unterricht vor- und nachbereitet werden. Nach der Exkursion

---

[25] Wyss et al., 2022, S. 126.
[26] Vgl. ebd.

sollten die Schüler*innen die Möglichkeit haben, ihre Erlebnisse zu reflektieren und persönliche Eindrücke zu verarbeiten. Hierbei können Diskussionen, Gruppenarbeiten oder schriftliche Reflexionen helfen, das Gelernte zu vertiefen. Laut dem Denkort Bunker Valentin sollte die Nachbereitung zeitnah erfolgen, um Emotionen aufzuarbeiten und die behandelten Themen zu vertiefen. Auch die Klärung offengebliebener Fragen ist hierbei entscheidend, um eine umfassende Auseinandersetzung mit dem Thema zu gewährleisten. Neben der kognitiven Verarbeitung können Emotionen durch methodische Ansätze wie Diskussionen oder kreative Projekte bearbeitet werden.[27] Im Rahmen der Exkursion durch Halle Neustadt spielt die Nutzung digitaler Medien, insbesondere Augmented Reality (AR), eine zentrale Rolle. In der Nachbereitung kann auf die AR- Anwendungen zurückgegriffen werden, um den Schüler*innen zu ermöglichen, ihre gesammelten Eindrücke durch digitale Projekte zu analysieren und zu vertiefen. Beispielsweise können Schüler*innen mithilfe von AR die städtebauliche Entwicklung von Halle Neustadt visualisieren und diese in ihre Reflexion einbeziehen. Solche digitalen Projekte bieten den Schüler*innen die Möglichkeit, komplexe historische und architektonische Zusammenhänge weiter zu erforschen. Die Erstellung von Postern oder Präsentationen über die architektonischen Veränderungen in Halle Neustadt während der sozialistischen Stadtplanung fördert das Verständnis und die Anwendung des Erlernten im praktischen Kontext. Ein zentraler Punkt der Nachbereitung ist zudem die Evaluierung der Technologieakzeptanz. Hier kann untersucht werden, wie gut die Schüler*innen die digitalen Medien als nützlich und bedienfreundlich empfunden haben, wie es das Technologieakzeptanzmodell (TAM) nach Davis (1986) beschreibt.[28] Durch Umfragen oder Gruppengespräche könnte ermittelt werden, ob die Schüler*innen bereit wären, solche Technologien zukünftig häufiger im Unterricht zu nutzen, und welche Schwierigkeiten möglicherweise aufgetreten sind. Diese Reflexion hilft dabei, den zukünftigen Einsatz digitaler Medien, etwa in weiteren Exkursionen nach Halle Neustadt, besser zu planen. Auch das explorative Lernen, das im Rahmen der Exkursion durch digitale Karten und interaktive Aufgaben gefördert wurde, kann in der Nachbereitung vertieft werden. In der Reflexionsphase könnten die Schüler*innen beispielsweise ihre Entdeckungen zur architektonischen Struktur von Halle Neustadt teilen, indem sie mithilfe von Karten historische Veränderungen aufzeigen und diese in Diskussionen analysieren. Dies entspricht den Grundsätzen des konstruktivistischen Lernens, bei dem Wissen aktiv aufgebaut wird, anstatt passiv aufgenommen zu werden.[29] Durch diese

---

[27] Denkort Bunker Valentin, 2024: Vor- und Nachbereitung. URL: https://www.denkort-bunker-valentin.de/vorbereitung-nachbereitung/ (abgerufen am 05. September 2024).
[28] Gorovoj, Technologieakzeptanz, S. 16.
[29] Yuen et al., 2011, S. 132.

Diskussionen können die Schüler*innen ihre individuellen Entdeckungen rund um die sozialistische Stadtplanung und die historischen Gebäude in Halle Neustadt miteinander teilen. Die Einbettung der Exkursion in den fortlaufenden Unterricht ist entscheidend für eine nachhaltige Lernerfahrung. Durch die Reflexion ihrer Erfahrungen und das Wiederaufgreifen der Themen in weiteren Unterrichtseinheiten wird das Gelernte nicht nur vertieft, sondern langfristig gefestigt. Die Nachbereitung bietet den Schüler*innen die Möglichkeit, das Gelernte in andere Lernkontexte zu übertragen und weiterführende Fragen zu entwickeln, was die Auseinandersetzung mit architektonischen und historischen Themen auf einer tieferen Ebene fördert.

6. Fazit

Diese Arbeit untersuchte, wie digitale Medien, insbesondere Augmented Reality (AR), in einer Exkursion durch Halle Neustadt eingesetzt werden können, um historische und architektonische Inhalte zu vermitteln. Die fortschreitende Digitalisierung bietet der Bildungswelt neue Möglichkeiten, komplexe Inhalte interaktiv aufzubereiten, was besonders für die Vermittlung von Geschichte und Architektur von Vorteil ist. Die Planung der Exkursionsroute zeigte, dass digitale Medien historische und architektonische Entwicklungen in Halle Neustadt visuell erfahrbar machen. AR ermöglicht es den Schüler*innen, historische Strukturen zu rekonstruieren und städtebauliche Prozesse in einer multimedialen Umgebung zu verstehen, was traditionelle Methoden nicht leisten können. Auch die Nachbereitung und Reflexion der Exkursion verdeutlichten, dass digitale Medien das Verständnis und die Motivation der Schüler*innen stärken. Die Evaluierung der Technologieakzeptanz zeigte, dass AR von den Schüler*innen als nützlich und benutzerfreundlich empfunden wurde, was zukünftige Anwendungen im Unterricht erleichtern könnte. Abschließend lässt sich sagen, dass AR ein wertvolles Werkzeug ist, um historische und architektonische Inhalte zu vermitteln. Der Einsatz solcher Technologien kann Lernprozesse interaktiver gestalten und das langfristige Verständnis der Schüler*innen für komplexe Zusammenhänge fördern.

7. Literaturverzeichnis

Antenhofer, Christina; Büttner, Nils; Bücker, Benedikt (Hrsg.). Digital Humanities in den Geschichtswissenschaften: Eine Einführung. Oldenbourg, 2023.

Denkort Bunker Valentin, 2024: Vor- und Nachbereitung. URL: https://www.denkort-bunker-valentin.de/vorbereitung-nachbereitung/ (abgerufen am 05. September 2024).

Gorovoj, Alexander. Technologieakzeptanz Digitaler Medien bei Universitätsstudierenden verschiedener Fächer und Berufstätigen gleichen Alters: Eine Studie zu den psychologischen Determinanten und Hintergründen der Akzeptanz Digitaler Medien auf der Basis eines neu ausgerichteten Messinstruments. Dissertation, Universität Siegen, 2019. URL: https://dspace.ub.uni-siegen.de/handle/ubsi/1659.

Kerres, Michael. Mediendidaktik: Konzeption und Entwicklung mediengestützter Lernangebote. 4. Auflage, Oldenbourg Wissenschaftsverlag, 2013.

Radu, I. Augmented Reality in Education: A Meta-Review and Cross-Media Analysis. Personal and Ubiquitous Computing, 18(6), 2014, 1533-1543.

v. Engelberg-Dočkal, Eva, und Petra Lohmann, Hrsg. Geschichtlichkeit in der Architektur der Moderne. Symposium des Masterstudiengangs Architektur 2021, Frieder & Henner Schriftenreihe, Band 1. Universität Siegen, 2021.

Wyss, C., Annen, D., Brovelli, D., & Schneider, J. Augmented Reality in der Grundbildung: Chancen und Herausforderungen. In J. Schneider, C. Wyss, D. Annen, & D. Brovelli (Hrsg.), *Digitale Medien in der Bildung* (S. 119-133). hep Verlag, 2022.

Yuen, S., Yaoyuneyong, G., & Johnson, E. Augmented Reality: An Overview and Five Directions for AR in Education. Journal of Educational Technology Development and Exchange, 4(1), 119-140, 2011.

BEI GRIN MACHT SICH IHR WISSEN BEZAHLT

- Wir veröffentlichen Ihre Hausarbeit, Bachelor- und Masterarbeit

- Ihr eigenes eBook und Buch - weltweit in allen wichtigen Shops

- Verdienen Sie an jedem Verkauf

Jetzt bei www.GRIN.com hochladen und kostenlos publizieren